D0560927

LE DALAÏ-LAMA & Sofia Stril-Rever

FAITES LA RÉVOLUTION !

L'APPEL DU DALAÏ-LAMA À LA JEUNESSE

Écrit par Sofia Stril-Rever, sur la base d'entretiens exclusifs

MASSOT ÉDITIONS / ÉDITIONS RABELAIS

1

J'AI CONFIANCE EN VOUS

Mes chers frères et sœurs, mes jeunes amis,

Vous êtes nés au début de ce IIIe millénaire. Vous êtes la jeunesse du monde. Ce siècle n'a même pas vingt ans. Il est très jeune encore, tout comme vous. Le monde va grandir avec vous. Il sera ce que vous en ferez.

Je vous lance cet appel parce que je vous ai observés et que j'ai confiance en vous. Depuis quelques années, je privilégie les rencontres avec vous, que ce soit en Inde ou lors de mes déplacements dans des pays lointains, en Europe, aux Etats-Unis, au Canada, en Australie, au Japon. A travers nos échanges, j'ai acquis la conviction que votre génération a la capacité de transformer ce siècle naissant en un siècle de paix et de dialogue. Vous saurez réconcilier, avec elle-même et avec le milieu naturel, notre humanité aujourd'hui déchirée.

Le renouveau que vous incarnez est cerné par les ténèbres du vieux monde, un chaos de noirceur, de douleur et de larmes. Vous vous dressez aux avant-postes d'une nuit de tous les dangers, où la haine, l'égoïsme, la violence, la cupidité et le fanatisme menacent jusqu'à la vie sur Terre. Mais votre jeunesse a la vigueur implacable des lendemains, qui permet de faire table rase de l'obscurantisme hérité du passé.

Mes jeunes amis, vous êtes mon espoir pour l'humanité. Je souhaite vous le dire haut et fort pour que vous entendiez mon message et en preniez acte. Le futur, je le vois avec confiance, car j'ai la conviction que vous le ferez évoluer vers plus de fraternité, plus de justice et plus de solidarité.

Je vous parle sur la base de mon expérience de 82 ans. A 16 ans[1], le 17 novembre 1950, j'ai perdu ma liberté, en montant sur le trône d'or de Lhassa, pour assumer la charge suprême, temporelle et religieuse du Tibet. A 25 ans, en mars 1959, j'ai perdu mon pays, annexé de force par la République populaire de Chine. Né en 1935, j'ai connu les affres du XXe siècle, qui fut le siècle des plus grands bains de sang de l'Histoire. Car la merveilleuse intelligence humaine, au lieu de servir, chérir et protéger la vie, s'est ingéniée à l'anéantir, en utilisant la force d'où le soleil tire sa puissance. Vous êtes arrivés dans un monde où les arsenaux des diverses puissances atomiques ont le pouvoir de détruire plusieurs dizaines de fois la planète.

Vos grands-parents et vos parents ont connu des guerres mondiales et plusieurs conflits qui mirent à feu et à sang notre monde, faisant 231 millions de morts au siècle dernier. Un tsunami de violence inouïe a emporté l'humanité, se nourrissant de nationalismes exacerbés, du racisme, de l'antisémitisme et de l'endoctrinement idéologique. J'ai été contemporain de l'holocauste nazi en Europe, de l'incendie nucléaire au Japon, de la guerre froide, des carnages de populations civiles en Corée, au Vietnam, au Cambodge,

---

1. Selon le calcul tibétain, à la naissance on a déjà 1 an.

de la Révolution culturelle et des famines qui ont fait 70 millions de victimes en Chine et au Tibet.

Vous et moi avons vu l'Afghanistan et le Moyen-Orient s'embraser dans des conflits qui dévastèrent des pays autrefois berceaux de l'humanité. Aujourd'hui, des images nous parviennent de la Méditerranée, dont les flots rendent les corps noyés de jeunes enfants, d'adolescents, de femmes et d'hommes qui tentent la traversée de la dernière chance, dans l'espoir de survivre et d'aider leurs familles à survivre.

Vous et moi sommes témoins de l'effondrement de l'écosystème Terre, de la baisse alarmante de la biodiversité, avec une espèce végétale ou animale disparaissant toutes les vingt minutes. Nous assistons à la déforestation massive en Amazonie qui saccage le dernier grand poumon de la planète. Nous observons l'acidification de tous les océans, le blanchiment de la grande barrière de corail, la fonte de la banquise en Arctique et en Antarctique. Au troisième pôle, le Tibet, le recul des 46 000 glaciers himalayens menace de tarissement les grands fleuves d'Asie, sources de vie pour un milliard et demi de riverains.

Tout cela, vous ne le connaissez que trop bien. Car vous êtes nés et vous avez grandi dans la spirale de cette destruction à l'échelle planétaire, du fait des guerres, du terrorisme et du pillage des ressources naturelles.

L'Union européenne, modèle de paix pour le monde

Ne vous laissez pas envahir par « le syndrome du mauvais monde », selon l'expression de nos amis anglo-saxons[2] ! Vous risqueriez de sombrer dans le désespoir, sans réaliser que l'esprit de paix progresse grâce à l'éducation à la démocratie et aux droits de l'homme. Oui, la réconciliation est possible ! Voyez l'Allemagne et la France. Une vingtaine de conflits les opposa depuis le XVIe siècle, atteignant un paroxysme de barbarie pendant les deux dernières guerres mondiales. 1914, 1939, à Paris et Berlin des convois militaires emportent de jeunes soldats vers le front. Ils ont votre âge et ne se doutent pas des atrocités qui les attendent sur les champs de bataille, dans la boue des tranchées et l'horreur des camps de concentration. Une jeunesse décimée, des familles endeuillées, des millions d'orphelins, des pays en ruine, une civilisation à genoux.

Mais chez les belligérants d'autrefois la volonté de paix l'emporta sur le patriotisme va-t-en-guerre. Konrad Adenauer et Robert Schuman, leaders visionnaires, édifièrent l'Union européenne, portés par un élan de fraternité et de solidarité exemplaires. D'autres hommes politiques poursuivirent cette œuvre de dialogue qui cicatrisa les blessures de peuples profondément meurtris.

L'Europe me donne bien des raisons d'espérer pour votre génération. Sa dynamique de paix va dans le sens de la nouvelle réalité de ce siècle. Un mouvement que la montée du nationalisme dans certains Etats membres ne saurait arrêter. Comme vous le savez, il existe déjà, sur le modèle européen, de nombreuses organisations à vocation régionale[3] de par

---

2. Cf. la théorie de la culture du professeur George Gerbner (1919-2008) démontrant que la violence sur les écrans contribue à la violence réelle, à l'anxiété et au sentiment d'insécurité.
3. Par exemple, l'Union africaine, ASEAN (Asie), ALENA, MERCO-SUR, AEA, CARICOM (Amérique Nord et Sud). Liste complète www.wikipedia.org/wiki/Liste_d%27organisations_internationales

le monde. Faites-les évoluer vers une forme d'intégration plus poussée afin de minimiser les risques de conflit et de promouvoir les valeurs démocratiques et les libertés fondamentales, bafouées dans des zones de non-droit sur tous les continents. Je vous invite donc à développer l'esprit de l'Union européenne partout dans le monde.

Jeunes d'Afrique, édifiez une Union africaine, réunissant les pays de votre grand continent. Jeunes Canadiens et Étatsuniens, construisez une Union nord-américaine. Jeunes d'Amérique latine, une Union latino-américaine ; et jeunes d'Asie, une Union asiatique. Au niveau international l'ONU aura ainsi une meilleure chance de donner vie à la belle formule qui ouvre sa Charte fondatrice, « Nous, peuples des Nations unies... »

Berlin, novembre 1989, jeunesse, paix, démocratie

Je voudrais partager avec vous un souvenir inoubliable qui date de novembre 1989. Vous ne vous rappelez pas forcément qu'à l'époque l'Allemagne était scindée en deux Etats hostiles, physiquement séparés par une structure en béton, haute de trois mètres sur une centaine de kilomètres. On l'appelait « le Mur de la honte ». Hérissé de miradors, il coupait en deux un peuple et des familles.

Je me trouvais à Berlin au moment précis où des dizaines de milliers de jeunes manifestants enthousiastes ouvrirent à main nue une première brèche dans le Mur, puis firent tomber les postes-frontières, un à un, sans violence. Le monde entier retenait son souffle. L'Histoire basculait sous l'élan de la jeunesse. A l'Ouest comme à l'Est, la nouvelle génération refusait l'affrontement idéologique et affirmait sa volonté de réunification du peuple allemand. Le rapprochement fut rendu possible par la politique de transparence, qu'initia à partir de 1986 mon ami Mikhaïl Gorbatchev, alors à la tête de l'ancienne Union soviétique. Il refusa de donner l'ordre de tirer sur la jeunesse et déclara ultérieurement que la chute du Mur avait évité une Troisième Guerre mondiale.

Je me souviens avec émotion de mon arrivée au pied du Mur démoli, une bougie à la main. La foule en liesse me hissa sur les décombres. Ce fut un moment très particulier, où je sentis l'esprit de paix et de liberté souffler sur le monde. On me pressa de faire une déclaration. J'affirmai que, tout comme la chute du Mur semblait impossible hier mais était devenue réalité, la liberté reviendrait au Tibet.

L'événement prit une valeur symbolique d'autant plus forte à mes yeux, qu'en mars de la même année, j'avais vu les images insoutenables de la répression sanglante des manifestations pacifiques de Lhassa. Trois mois après, en juin, des tanks écrasaient les étudiants, place Tian'anmen à Pékin. Or en novembre 1989, l'écroulement du mur de Berlin montrait la possibilité d'une victoire de la jeunesse et de la non-violence contre une dictature liberticide. Quand j'y repense aujourd'hui, cet événement m'apparaît comme l'épilogue des tragédies du xxe siècle. Il fit passer à la trappe les séquelles de la Seconde Guerre mondiale et annonça la fin imminente du communisme en Europe de l'Est. Cet effondrement des régimes totalitaires a renforcé ma foi dans l'adhésion de la jeunesse aux valeurs universelles de la démocratie et de la solidarité. Les conséquences de la révolution sanglante de 1917, qui figea le destin de l'Union soviétique sept décennies durant, furent en effet balayées grâce à l'insurrection d'une jeunesse pacifiste, sans effusion d'une seule goutte de sang.

Faites tomber les derniers Murs de la honte !

Au début du XXIe siècle, jeunes de tous les pays, faites tomber les derniers Murs de la honte, y compris ceux qui s'élèvent dans vos consciences ! Murs de l'égoïsme, murs du repli identitaire, de l'individualisme, de l'orgueil et de la cupidité...Tout ce qui divise appartient au passé. Ce qui sépare, ce qui exclut, ne saurait résister à la force de paix qu'incarne votre génération.

Sur un plan pratique, la violence paraît parfois nécessaire. On espère résoudre plus rapidement un problème en faisant usage de la force. Mais ce succès s'obtient aux dépens des droits et du bien-être d'autrui. De sorte que le problème qui n'est pas réglé, mais étouffé, va forcément se présenter de nouveau. L'histoire vous montre que victoires et défaites militaires ne durent pas longtemps. Cela se vérifie également dans votre vie de tous les jours, à l'échelon familial et amical. Sans argument valide, vous vous laissez envahir par la colère et la violence, qui sont des signes de faiblesse. Utilisez donc votre intelligence et observez les mouvements de votre esprit. Lorsque vous êtes en colère, vous êtes animés d'une énergie aveugle qui éclipse votre merveilleuse faculté de distinguer le vrai du faux. Mon ami, le psychiatre américain Aaron Beck, m'a expliqué que toute la négativité attribuée à la personne ou à l'objet de notre colère est constituée à 90 % de nos propres projections mentales. Analysez bien ce qui se passe en vous et vous ne serez plus submergés par ce genre d'émotions. Comprendre c'est s'émanciper et faire la paix. Le recours au raisonnement permet de réduire puis d'exclure la colère et ce qui en résulte, l'agressivité, la violence.

Il est essentiel que vous examiniez toujours vos motivations profondes et celles de votre contradicteur ou de votre adversaire. Vous aurez parfois du mal à choisir entre violence et non-violence. N'oubliez pas que d'une motivation négative résulte toujours une action blessante ou destructrice, même si les formes et l'apparence en sont aimables. Inversement, si votre motivation est sincère et altruiste, elle produira une action non-violente et bénéfique. Seule une compassion éclairée peut justifier que vous utilisiez la force en dernier recours.

Les Occidentaux ont une approche différente. Selon eux, la non-violence et la résistance pacifique seraient mieux adaptées à la culture orientale. Etant plus portés à l'action, ils voudraient obtenir des résultats immédiats et tangibles en toute circonstance. Leur attitude, efficace dans le court terme, est souvent contreproductive dans le long terme, alors que la non-violence, exigeant de la patience et de la détermination, est toujours constructive. La chute du mur de Berlin et les mouvements de libération d'Europe de l'Est sont très instructifs à cet égard. Je remarque aussi qu'au printemps 1989, les étudiants chinois qui étaient nés et avaient grandi sous la férule du régime communiste, ont spontanément mis en pratique la stratégie de la résistance pacifique, chère au Mahatma Gandhi. Ils sont restés pacifiques malgré la brutalité de la répression. En dépit de tous les endoctrinements, la jeunesse préfère la voie de la non-violence.

La guerre, un anachronisme total

La non-violence est une solution pragmatique aux conflits de notre temps. Même si j'ai connu la guerre dans mon propre pays, où depuis plus de 60 ans, la police armée du peuple aux ordres de Pékin fait régner la terreur, étouffant plus que jamais les libertés et la dignité des Tibétains, je reste un porte-parole déterminé de la paix mondiale. A chaque tribune où je m'exprime, j'explique comment créer les causes et les conditions de la paix, en nous et autour de nous. Si je ne croyais pas la paix possible, je ne tiendrais pas ce genre de discours.

Aujourd'hui, la guerre est devenue un total anachronisme. Juridiquement, on ne fait même plus de déclaration de guerre et certains pays requièrent un vote du Parlement pour autoriser des opérations militaires. Les vieilles idéologies bellicistes sont donc périmées et chaque conflit armé provoque des manifestations pour la paix dans les grandes capitales du monde. Je me réjouis quand vous vous ralliez par dizaines de milliers, au nom de la réconciliation, de la fraternité et des droits humains. Les campagnes de solidarité, où vous vous mobilisez nombreux pour des causes humanitaires, me font chaud au cœur. Votre génération est la première génération mondialisée grâce aux technologies de l'information. Usez avec discernement des réseaux sociaux, qui vous donnent l'opportunité d'accélérer les prises de conscience sans laisser la navigation sur Internet et les jeux en ligne devenir une drogue dont vous ne pouvez plus vous passer ! Relayez une information indépendante et de qualité, qui soit au service de la vérité et de l'éthique ! Restez vigilants pour ne pas diffuser de *fake news* ! En tant que « digital natives », vous êtes nés citoyens du monde car la culture numérique n'a pas de frontière. Dans votre esprit, les jeunes de tous les pays ne sont-ils pas vos amis, vos camarades, et vos partenaires, plutôt que vos concurrents, vos opposants ou vos adversaires ? Certes, la guerre fait partie du tempérament humain. Mais les génocides du siècle passé ont provoqué une prise de conscience chez vos aînés. Vos parents ont dit : « Plus jamais ça ! » Et ils ont démontré qu'on peut résoudre des conflits par le dialogue et la non-violence au sein de la grande famille humaine.

Vous m'objecterez que, même si nous sommes entrés dans le XXIe siècle, nous assistons toujours à une déferlante de conflits que les grandes puissances s'entêtent à régler par la force. L'institution militaire étant légale, certains jugent toujours la guerre acceptable et ne réalisent pas que c'est une entreprise criminelle. Un véritable lavage de cerveau les empêche de comprendre que toute guerre est monstrueuse. Paradoxe de notre époque : il n'y a plus de guerre, au sens juridique, mais crises et carnages se multiplient. Vous avez été les cibles d'attentats meurtriers. Paris, novembre 2015, Manchester, 22 mai 2017… Ces derniers événements m'ont profondément blessé. Ils ont meurtri mon cœur. Des jeunes massacrant d'autres jeunes ! C'est inconcevable ! Insupportable ! Ceux qui vous ont agressés ne sont pas nés terroristes. Ils le sont devenus, manipulés au nom d'un fanatisme archaïque et brutal, les poussant à croire qu'il est glorieux de détruire, punir et terroriser.

Que cela ne vous décourage pas ! Votre mission est de tirer les leçons des erreurs du passé, tout en développant autour de vous le dialogue, la tolérance et la communication non violente. Confrontés à la violence aveugle, ne suivez pas la peur qui produit ressentiment, colère et soif de vengeance. Inspirez-vous du Premier ministre norvégien qui, après des attentats sanglants[4], déclara que son gouvernement répondrait à la terreur par plus de démocratie, d'ouverture et de tolérance. C'est en vous gardant de la haine fratricide que vous deviendrez artisans de paix. Le jour est proche où votre génération reléguera la guerre dans les poubelles de l'Histoire. Peut-être vous rappellerez-vous alors ce que je vous avais dit quelques années auparavant.

---

4. Attentats à Oslo et dans l'île d'Utoya, juillet 2011.

2

SOYEZ LES INSURGÉS DE LA PAIX !

A 82 ans, je suis prêt à dire au revoir, *Bye bye, my dear young brothers and sisters* ! De par mon âge, je suis un homme du XXᵉ siècle. Mais de par l'aspiration à la paix si profondément ancrée en moi, j'ai le sentiment d'appartenir au futur et à la jeunesse du monde. En ce sens, nous avons le même âge, l'âge des recommencements. La fin de ma vie et le début de la vôtre se croisent. Notre rencontre ressemble à l'instant éphémère du petit matin, quand obscurité et lumière se touchent dans le ciel. Ce n'est plus la nuit. Ce n'est pas encore le jour. C'est la naissance du jour. A l'horizon une page se tourne, une autre s'ouvre. A vous, mes jeunes amis, d'écrire sur cette page blanche l'histoire nouvelle de ce siècle que je vous souhaite la plus belle et la plus heureuse qui soit, de mémoire d'homme.

Ce futur de paix, je l'ai anticipé depuis mon Tibet natal. A l'époque de mon adolescence, je ne connaissais vos pays qu'à travers des magazines illustrés arrivés jusqu'à Lhassa, que je feuilletais avidement. Et lors de mon premier voyage en Inde, en 1956, à dos de yak et de cheval, je croyais avoir une chance d'apercevoir les gratte-ciel de New York, du haut de nos cols qui sont les plus élevés de la planète. J'espérais les distinguer grâce au télescope en bronze hérité de mon prédécesseur, avec lequel j'observais les cratères de la Lune depuis les terrasses du Potala. J'ai découvert depuis la civilisation moderne et participé à l'évolution des mentalités mais je ne me suis jamais départi de mon engagement de « toujours pour la paix ». Fort d'une vie d'observation, je vous dis que si vous vous enfoncez dans la violence, vous verrez l'agonie de l'humanité. Le XXIᵉ siècle sera le siècle de la paix ou ne le sera pas.

Jeunes de tous les pays, je vous appelle à être la première génération de paix sur une Terre fraternelle. Construisez une citoyenneté mondiale ! Et que cela ne soit pas une utopie, mais un objectif stratégique ! Car c'est la responsabilité personnelle de chacun d'entre vous de faire en sorte que le XXIᵉ siècle ne reproduise pas les souffrances, la dévastation et les bains de sang du passé. Ma conviction est que, de votre vivant, vous ferez advenir la paix et la fraternité, ces grandes aspirations du cœur humain.

Soyez la génération des solutions !

Les problèmes que vous subissez aujourd'hui n'ont pas été créés par vous. Ma génération et la génération de vos parents, ces générations du XXᵉ siècle, sont les générations à problème. Soyez la génération des solutions ! Vos parents n'ont pas eu l'intention de saboter l'environnement. La plupart ont réalisé l'ampleur de la catastrophe quand il était déjà trop tard. Pourquoi ? Parce que la dégradation du milieu naturel s'est produite très progressivement, au point de rester long-temps imperceptible. En 2011, j'ai réuni des experts internationaux autour de moi à Dharamsala sur le thème « Écologie, éthique et interdépendance[5] ». L'un d'eux a regretté que le CO_2 soit incolore et inodore. S'il était bleu ou rose, s'il avait une odeur, on le remarquerait. Les politiques et le public prendraient alors conscience des dangers de sa concentration.

J'ai observé, sur le ton de la plaisanterie, qu'on devrait réunir les chefs de gouvernements dans une salle fermée où l'on diffuserait du CO_2 assez longtemps et en quantité suffisante pour qu'ils aient du mal à respirer et ressentent un certain inconfort – le but n'étant pas de les asphyxier mais de les sensibiliser afin qu'ils prennent d'urgence les mesures de sécurité nécessaires. Car pour la première fois dans l'histoire humaine, votre droit à la vie et le droit à la vie de vos enfants ne sont plus garantis.

Bravo aux initiatives prises au nom des générations futures par de jeunes Américains de 9 à 20 ans ! Bravo à ces adolescents qui ont fait valoir leur droit consti-tutionnel fondamental à vivre dans un environnement non pollué par les gaz à effet de serre[6] ! Le juge leur a donné raison, en s'appuyant sur des rapports scienti-fiques : la concentration en CO_2 dans l'atmosphère ne garantit plus aux enfants de ce millénaire d'atteindre l'âge adulte en toute sécurité. Ce genre de procès ne

---

5. Conférence *Mind & Life XXIII*, octobre 2011. Les rencontres *Mind and Life* favorisent l'interaction entre bouddhisme et science pour améliorer la compréhension de la nature de réalité. www.mindandlife.org

6. Procès « Juliana vs US Climate Lawsuit » intenté en septembre 2015 à la cour de l'Oregon, avec le soutien du climatologue James Hansen www.ourchildrentrust.org

se limite pas aux Etats-Unis. Un mouvement international pour la justice climatique s'est levé dans le monde, de l'Amérique du Nord aux Philippines, de la Nouvelle-Zélande à l'Inde ou la Norvège, pour exiger que gouvernements et entreprises assument la responsabilité de leur impact environnemental. Soyez, vous les jeunes, des pionniers de la justice climatique car vous êtes directement concernés !

L'engagement d'un grand nombre d'entre vous me réconforte et me rend optimiste. Les problèmes que vous rencontrez, qu'il s'agisse du climat, de la violence en général et du terrorisme en particulier, n'ont pas été créés par Dieu, par Bouddha ou par des extraterrestres. Ils ne viennent pas du ciel ou de la terre. Ce sont des problèmes dont l'humanité a créé les causes de toutes pièces. Et c'est une bonne nouvelle. Car si nous avons été capables de créer ces problèmes, il est logique de penser que nous avons les moyens de les résoudre. Les crises auxquelles nous sommes confrontés ne sont pas une fatalité. Posez-vous la question : « Et si la fraternité était la réponse à ces crises ? »

J'ai adopté la devise
« Liberté, Egalité, Fraternité »

Je me souviens de la première fois où j'ai entendu parler de la Révolution française. C'était au palais du Potala, à Lhassa. J'étais enfant et j'entendis en même temps mentionner la Révolution russe. Passionné par ces événements, je m'informai auprès des rares étrangers que j'avais l'occasion de croiser et qui devenaient pour ainsi dire mes professeurs en sciences profanes. Je me souviens aussi de la première révolution dont je suivis l'actualité, depuis le Tibet. Ce fut, en 1956, la Révolution hongroise. J'étais loin, physiquement de Budapest, mais je me sentais émotionnellement très proche des jeunes insurgés.

J'avais été frappé par les idéaux de la Révolution française qui devinrent la devise républicaine par excellence, Liberté, Egalité, Fraternité. Une devise que j'ai adoptée. En tant que bouddhiste, le but de ma quête spirituelle est de me libérer de l'ignorance fondamentale qui cause l'illusion d'une séparation avec les autres et l'environnement, à la racine de toutes les souffrances. L'égalité est aussi un principe bouddhiste puisque tous les êtres sensibles, humains et non humains, ont un même potentiel d'éveil. Nous appelons impartialité ou équanimité, la pratique de l'égalité. Enfin, la fraternité est le rayonnement de l'amour et de la compassion, cultivés au quotidien. La Constitution de l'Inde a complété la devise française en lui ajoutant un quatrième terme, la Justice. Cela me paraît pertinent, car sans justice économique et sociale, la fraternité reste un idéal noble mais vain.

A peine intronisé chef temporel et religieux du Tibet à Lhassa, en 1950, mon premier geste politique fut en faveur de la fraternité. J'avais vu, dans les prisons proches du Potala, trop de détenus condamnés au supplice de la cangue, masse de bois lourde et épaisse, cerclée autour du cou. Son poids et sa rigidité brisaient les cervicales. J'ordonnai donc une amnistie générale dans tout le Tibet. Puis j'entrepris ensuite de réformer notre société féodale en établissant un système judiciaire indépendant. Je nommai un comité chargé de redistribuer les terres et d'abolir le système de la dette héréditaire, asservissant la communauté paysanne à l'aristocratie. Mais très vite l'occupant chinois prit le pouvoir, imposant sa version antidémocratique de la modernisation du Tibet.

Je dus fuir moi-même en 1959 car ma vie était menacée. C'est donc en exil, en Inde, que j'instaurai un fonctionnement démocratique de nos institutions. Les premiers députés élus de l'histoire du Tibet prêtèrent serment à Dharamsala, le 2 septembre 1960, et je rédigeai ensuite une Constitution proclamant la séparation des pouvoirs, l'égalité des citoyens devant la loi, des élections libres et le pluralisme politique. Fondé sur la Déclaration universelle des droits de l'homme de 1948, ce texte posait les bases d'un État laïque et transposait nos valeurs spirituelles en engagement solennel pour la non-violence et la paix.

Il me fallut user de toute ma persuasion afin que les Tibétains acceptent ces réformes qui limitaient l'étendue traditionnelle de mes pouvoirs. Leur révérence et leur vénération excessives constituaient des freins et rendaient nécessaire l'apprentissage de la démocratie. C'est en 2011 seulement que je pus enfin, volontairement et fièrement, déléguer mes responsabilités politiques et laïciser complètement notre démocratie en exil. Voyez-vous, mes jeunes amis, les Tibétains n'ont pas eu besoin de faire la Révolution, à la différence de vos aïeux qui donnèrent leur vie pour la démocratie et allèrent jusqu'à décapiter leur roi.

Les révolutions passées n'ont pas transformé l'esprit humain

Parce que je suis le Dalaï-lama du Tibet, certains s'étonnent que j'aie des opinions politiques. Mais je suis un disciple de la Révolution française. Et je ne manque jamais une occasion de le dire, par exemple lorsque je suis en France, ou que je rencontre de jeunes Français. Bien que je sois loin de connaître en détail l'histoire de la Révolution française, je remarque qu'elle a donné au monde la première Déclaration des droits de l'homme dont les grands principes ont inspiré la Déclaration universelle de 1948. Vous ne savez sans doute pas qu'il est interdit au Tibet d'en posséder une copie. C'est assimilé à un acte de subversion très grave, l'équivalent d'un crime contre la sûreté de l'Etat, passible d'emprisonnement et de torture. Je vous le dis pour que vous mesuriez la portée révolutionnaire de ce texte. Mon impression est qu'historiquement les intellectuels français ont toujours fait preuve d'un raisonnement global, d'une vision universelle et ouverte sur le monde. Les plus brillants sont de grands esprits rebelles, au sens critique aiguisé, tels que nous en avons besoin au XXIe siècle, parce qu'il faut aujourd'hui tordre le cou aux idéologies du vieux monde qui nous ont fait beaucoup de mal.

Disciple de Bouddha comme de la Révolution française, je suis aussi disciple de Karl Marx. Il considérait d'ailleurs la France comme la nation révolutionnaire par excellence et a très bien expliqué le mécanisme de l'insurrection de 1789. L'ancienne société n'était plus adaptée à la réalité économique de son temps, ce qui conduisit à un affrontement de classes sociales pour conquérir le pouvoir et les privilèges accaparés par l'aristocratie. Ce même raisonnement s'applique à la Révolution bolchevique dans la Russie des tsars. Ce fut aussi un mouvement de revendication contre l'exploitation abusive du prolétariat. Ces luttes d'émancipation et de justice sociale rendent la révolution nécessaire, lorsque les responsables politiques font obstacle au changement. Du point de vue du partage des richesses et de la fraternité, je suis donc marxiste et je regrette que Lénine, puis Staline, aient perverti la pensée originelle de Karl Marx, faisant dévier l'idéal communiste vers le totalitarisme.

Comme je vous l'ai dit, il est important d'étudier l'histoire pour ne pas répéter les erreurs du passé. Si vous examinez toutes les révolutions, vous verrez qu'elles se produisirent en réaction à des conflits d'intérêts, causes de haine, de colère et de frustration qui s'amplifièrent, devinrent incontrôlables et finirent par déclencher le processus insurrectionnel. Que ce soit la Révolution française, la Révolution bolchevique ou la Révolution culturelle, toutes entraînèrent bains de sang, vandalisme et terreur. Si elles provoquèrent la chute de chefs politiques ou un changement de régime, elles ne transformèrent pas radicalement l'esprit humain.

Les révolutions de la fin du XXe siècle se distinguent par leur mode pacifique. Et ce sont des jeunes gens qui ont été les insurgés de la paix. Voilà pourquoi, face aux défis de notre temps, je vous appelle à faire une révolution sans précédent dans l'histoire humaine.

3

FAITES LA REVOLUTION
DE LA COMPASSION !

En juin 2017, j'ai été invité par l'université de Californie à San Diego pour prononcer le discours de remise des diplômes. Il y avait de nombreux étudiants chinois, dont les parents avaient fait le déplacement. « Faites la Révolution culturelle de la compassion ! » leur ai-je dit, en ajoutant qu'aujourd'hui les esprits avaient mûri. En 2017, la Révolution de la compassion n'est pas une utopie. Je lance donc cet appel : « Jeunes du XXIe siècle, faites la Révolution de la compassion ! »

Ces mots ne sont pas une formule de consolation ni un slogan vide de sens. Ce n'est pas le rêve naïf d'un moine bouddhiste âgé, déconnecté de la réalité. Quand je vous exhorte à faire la Révolution de la compassion, je vous exhorte à faire la Révolution des révolutions ! De nombreuses personnalités remarquables ont appelé à différentes sortes de révolutions : économique, technologique, énergétique, éducative, spirituelle, éthique, intérieure, révolution des consciences et du cœur… J'adhère à ces propositions, motivées par l'urgence d'un monde meilleur. Mais pour moi, la Révolution de la compassion est l'âme, le support, l'inspiration de toutes les autres.

Le temps de la compassion est venu

Pourquoi ? Parce que la compassion est vitale. On l'assimile à tort à un idéal noble, un beau sentiment. Vous avez grandi dans des sociétés tellement matérialistes et individualistes, que faire preuve de compassion vous paraît peut-être un signe de faiblesse. C'est oublier que la compassion est avant tout l'énergie qui soutient la vie. Or, au moment où je vous lance cet appel, la vie s'effondre sur Terre. Les deux tiers des populations de vertébrés ont disparu. Partout, dans les champs, les océans, les airs et les forêts, le vivant régresse. Cette sixième extinction de masse, après celle des dinosaures il y a 66 millions d'années, a des conséquences gravissimes sur les écosystèmes et sur nos sociétés. Cependant elle est directement liée à l'impact de l'action humaine, amplifiée par la technologie. Le temps de la compassion est donc venu pour repenser la manière dont nous habitons la Terre afin d'y restaurer la vie.

On comprend enfin aujourd'hui la nature biologique de la compassion, grâce au développement des neurosciences affectives et sociales, qui testent les émotions, les sentiments et les capacités relationnelles. Ces disciplines ont apporté la preuve que la compassion impacte positivement la neurogenèse[7], dès la gestation et tout au long de l'existence. A l'inverse, l'agressivité limite le développement des circuits neuronaux, détruit des cellules dans les structures du cerveau et bloque l'expression de certains gènes.

La compassion a donc une fonction essentielle dans la croissance et la plasticité cérébrales. Elle

---

7. Ou formation de nouveaux neurones.

détermine une évolution harmonieuse et optimale des enfants et des adolescents. A l'âge adulte, c'est un facteur important d'épanouissement et de bonne santé. En effet, lorsque le mental est imprégné de compassion, les gènes du stress sont inhibés et la biochimie cérébrale se modifie, générant les hormones du bonheur.

Parents, éducateurs, pédiatres et psychologues savent cela intuitivement. Mais il était important d'apporter la preuve objective qu'aimer, protéger, chérir et prendre soin sont des spécificités de l'espèce humaine et la condition même de sa survie. Des comportements agressifs, destructeurs, brutaux, coléreux ou cruels, sont non seulement antisociaux mais contre nature.

Mon rêve : que les femmes deviennent chefs d'Etat !

Notre mère a un rôle crucial dans l'enfance et cela nous concerne tous, les 7 milliards d'humains sur cette planète. Vous le savez, à votre âge, sans l'amour de votre maman, vous n'auriez pas survécu. Telle est la loi de la nature. Les pères aussi ont un rôle important, mais au début de la vie, la mère est irremplaçable. Elle est la plus proche du corps, du cœur et de l'esprit de son enfant. C'est elle qui vous a portés et mis au monde. L'expérience de ce lien primordial est déterminante. Vous avez grandi en vous nourrissant autant de lait que de tendresse maternelle. Il est avéré que dans la petite enfance de la plupart des personnes asociales, il y a eu carence d'amour.

En ce qui me concerne, je suis originaire d'une famille pauvre, vivant dans le petit village d'une région arriérée du Tibet oriental. Pourtant je me suis toujours senti riche, comblé par l'immense bonté de ma mère. Je n'ai jamais vu la moindre expression de colère sur son visage et elle faisait constamment le bien autour d'elle. Je considère qu'elle a été mon premier maître. Elle m'a transmis l'enseignement inestimable de la compassion.

Jeunes femmes, je vous appelle à être les mères de la Révolution de la compassion dont ce siècle a tant besoin. Vous avez un rôle spécial à jouer pour donner le jour à un monde meilleur. Il est biologiquement prouvé que les femmes sont plus empathiques et plus sensibles, plus réceptives aux sentiments d'autrui. Ce sont ces qualités qu'elles incarnent en devenant mères. En ce sens, les femmes sont des modèles d'humanité. Etudiez l'histoire, vous constaterez qu'à toutes les époques, sur les cinq continents, ce sont des hommes qui ont provoqué les carnages et les destructions. On les a célébrés comme des héros, alors qu'on aurait dû les condamner en tant que criminels !

Pendant la préhistoire régnait la loi du plus fort et la puissance musculaire de l'homme par rapport à la femme a fait sa supériorité. C'est ainsi que la domination masculine s'est imposée. Mais avec le temps ces rapports de force ont évolué. L'éducation, les connaissances, les compétences sont devenues prépondérantes. Je suis résolument féministe et je me réjouis de voir accéder des femmes, de plus en plus jeunes et nombreuses, à de hautes responsabilités. J'ai d'ailleurs eu l'honneur de rencontrer des chefs d'Etat qui sont des femmes, aussi je vous encourage, mes jeunes amies, à prendre un rôle actif dans la vie politique et économique de votre pays. Vous serez ainsi à des postes clés pour faire avancer la Révolution de la compassion.

Prenez le *leadership*, car nous avons besoin de vous pour promouvoir l'amour et la compassion ! Réalisez mon rêve que les quelque 200 nations du monde soient gouvernées par des femmes ! Il y aurait moins de guerre, de violence, d'injustice économique et sociale. Surtout, ne croyez pas que, pour vous hisser à ces hautes fonctions et vous y maintenir, il faille reproduire les comportements masculins les plus indignes ! La vraie force naît aux sources de l'amour et de la compassion. Plus vous serez nombreuses à exercer le pouvoir en ce sens, plus la violence diminuera. Jeunes femmes du millénaire, soyez les pionnières de la Révolution des révolutions !

J'ai pris acte de la faillite des religions

Quand je vous appelle à faire la Révolution de la compassion, vous l'avez compris, je ne vous parle pas au nom d'une idéologie. Parce que je ne crois pas aux idéologies, systèmes d'idées préconçues qu'on applique à la réalité et que le parti politique au pouvoir impose d'autorité. L'idéologie est d'autant plus dangereuse qu'elle se diffuse dans tous les secteurs de la société. Non seulement vous ne la discernez plus, mais elle conditionne inconsciemment votre façon de comprendre le monde.

Je ne vous parle pas non plus de la Révolution de la compassion en tant que bouddhiste, Dalaï-lama ou tibétain. Je vous parle en tant qu'être humain et vous demande de ne jamais oublier que vous êtes humains, avant d'être Américains, Occidentaux, Africains, membres de tel ou tel groupe religieux et ethnique. Ces caractéristiques sont secondaires. Ne leur laissez pas prendre le dessus. Si je dis, « Je suis moine », « Je suis bouddhiste », « Je suis Tibétain », il s'agit de réalités subalternes par rapport à ma nature d'être humain.

Rendez-vous à l'évidence. Réalisez que tous, nous sommes les membres d'une seule famille humaine. Nos querelles naissent de causes secondaires. Construisez des relations de proximité, de confiance et de compréhension dans l'entraide mutuelle, sans vous arrêter aux différences de culture, de philosophie, de religion ou de croyance. Être humain est fondamental. Être né humain ne changera pas jusqu'à votre mort. Les autres caractéristiques, de moindre importance, sont soumises aux vents aléatoires du changement.

Après les attentats de Paris, en novembre 2015, j'ai pris acte de la faillite des religions. Chacune persiste à cultiver ce qui nous divise, au lieu de nous réunir autour de ce qui nous rassemble. Aucune n'a réussi ni à créer un être humain meilleur ni à créer un monde meilleur. C'est pourquoi je n'hésite pas à vous dire en 2017, qu'il y a urgence à aller au-delà de la religion. Se passer de religion, c'est possible. Mais pourriez-vous vous passer d'amour et de compassion ? La réponse est non. Car les sciences l'ont aujourd'hui démontré, la compassion est votre réalité biologique et humaine fondamentale.

Intelligence collective et compassion

Vous êtes de jeunes adultes, confrontés à des conflits idéologiques et religieux. Vous subissez les injustices d'un système économique qui surexploite les ressources naturelles, sans permettre à la matrice délicate de la vie de se régénérer. Pour vivre comme les plus dépensiers sur Terre[8], il faudrait plus de cinq planètes. Et 67 milliardaires accaparent autant de richesses que la moitié de la population mondiale. C'est totalement irréaliste ! Totalement inacceptable ! Comment allez-vous aborder cette situation insensée, résultat d'un individualisme pathologique ? La seule issue est de faire la Révolution de la compassion qui donnera un nouveau souffle à la démocratie, en élargissant les solidarités. Mettez la compassion au cœur de la vie sociale, en élaborant de nouveaux modèles collaboratifs reliant les communautés locales à la communauté mondiale en réseau ! Faites le pari de l'intelligence collective, qui est celui du partage ! Et surtout, soyez la génération du passage à l'acte ! Car si vous êtes la première génération de l'histoire confrontée à une menace d'extinction de la vie sur notre planète, vous êtes aussi la dernière à pouvoir y remédier. Après vous, il sera trop tard.

Faire la Révolution de la compassion implique des prises de conscience. Au seuil du IIIᵉ millénaire, vous êtes les enfants de l'écosystème Terre. Le monde est votre patrie. L'humanité, votre famille. Adoptez des

---

8. Les Australiens, d'après les chiffres du *Global Footprint Network* 2017.

schémas de conscience planétaires interconnectés et poussez leur logique jusqu'au bout. Dans chacun de vos actes de consommation, cultivez une vigilance globale, en évaluant leur empreinte énergétique, en vous informant des modes de production et de recyclage des objets de votre quotidien, car ils impactent la planète.

Il peut vous paraître anodin d'utiliser des couverts en plastique jetable, de changer souvent de téléphone portable, de manger un steak ou des nuggets de poulet. Une bouteille en plastique pèse à peine quelques grammes. Oui, mais ces quelques grammes s'additionnent à tous ceux des autres bouteilles consommées par 7 milliards d'humains. Résultat ? Toutes les secondes, 209 kilos de plastique sont déversés dans les océans. Une bonne partie aboutit dans l'estomac des oiseaux et des mammifères marins, qui viennent agoniser par milliers sur les côtes. Ils meurent de faim, le ventre rempli des bouteilles, gobelets, brosses à dents, briquets… passés par nos mains.

Autre exemple : pour produire un seul kilo de viande de bœuf, il faut quinze kilos de céréales et cinquante litres d'eau. Un tiers des terres arables du monde sont cultivées pour nourrir le bétail destiné à l'alimentation des pays riches. Ces modes de production sont criminels, responsables d'une famine qui cesserait sur le champ si nous devenions tous végétariens. Un seul jour sans viande aux Etats-Unis permettrait de nourrir vingt-cinq millions de personnes pendant un an. Elargissez donc vos perspectives et réfléchissez sans jamais perdre de vue la complexité d'ensemble de tous les paramètres !

Ces informations et bien d'autres sont disponibles, de manière instantanée, sur les réseaux sociaux que vous affectionnez et qui vous donnent accès à un niveau prodigieux d'intelligence collective. Les événements qui se produisent dans un pays affectent tous les autres, telle est la nouvelle réalité de notre temps. Reconnaître que nous sommes reliés aux 7 milliards d'autres et à la totalité des écosystèmes qui conditionnent notre survie, est une prise de conscience essentielle. Les attitudes individualistes et égocentriques sont dangereuses car irréalistes. Je vous invite donc à un processus de transformation intérieure qui appréhende la réalité interconnectée de la vie. Vous faites partie du monde autant que le monde fait partie de vous. Quand vous vous transformez, vous transformez le monde. Et la conscience de l'interdépendance entraîne à terme une diminution de la violence, puisque l'intérêt d'autrui est aussi le vôtre.

L'égoïsme est contre nature

Etre conscient, c'est aussi ne pas être esclave de ses émotions ni de ses fantasmes. La violence, filmée avec des effets spéciaux, vous fascine sans doute. Vous voyez en moyenne 2 600 meurtres par an sur vos écrans, alors que dans la vraie vie vous n'en verrez, je l'espère, pas un seul. Et quand vous avez été témoins de la violence meurtrière des attentats terroristes, vous avez pu éprouver à quel point elle est haïssable. Comprenez que la violence des divertissements vidéo est un fantasme qui profite à une industrie se nourrissant de vos peurs. Il est essentiel que vous fassiez la part des choses.

Je voudrais que vous soyez la première génération à pratiquer ce que j'appelle « l'hygiène des émotions ». On vous apprend à faire attention à ce que vous mangez, à éviter des aliments et des comportements nuisibles à votre santé. C'est une bonne chose. Mais j'ai préconisé qu'on enseigne aussi aux jeunes enfants à comprendre leurs émotions plutôt que de les réprimer. Des expériences pilotes ont été initiées en ce sens aux Etats-Unis, au Canada et en Inde, dès la maternelle. Si vous y réfléchissez, vous constaterez que vous êtes responsables de la plupart des problèmes que vous rencontrez dans votre vie. Pourquoi ? Parce que vous vous laissez emporter par les schémas répétitifs d'émotions destructrices. En être conscient me paraît crucial et j'ai donc lancé en mai 2016 un Atlas des émotions[9]. Il s'agit d'une cartographie exhaustive et précise des états émotionnels, réalisée scientifiquement par mon ami, le professeur de psychologie, Paul Ekman, à la tête d'une équipe de 149 experts. Visitez le site Internet, accompagné d'une carte interactive, conçue pour vous guider dans les méandres de vos sentiments, et faites-moi part de vos réactions. Je pense que l'Atlas devrait vous aider à évaluer l'impact des sollicitations et des événements extérieurs sur votre état psychique. Une dispute déclenche par exemple de l'agressivité. A mesure que l'énervement grandit, apprenez à en observer les signes : vous haussez le ton, vous devenez coléreux et parfois violent pour finir. Grâce à l'Atlas, vous neutraliserez puis éliminerez les sentiments négatifs et autodestructeurs pour ensuite cultiver des émotions positives.

---

9. www.atlasofemotions.org

Mon éducation classique dans la pensée bouddhiste m'a instruit des lois de l'interdépendance et du potentiel humain pour une compassion infinie. Nos prières incluent les quatre pensées incommensurables d'amour, de compassion, de joie et d'équanimité. Mais au-delà de ma tradition religieuse, la physique contemporaine m'a fait entrevoir sous un autre angle, la qualité illimitée de ces états de conscience. Je l'ai compris à travers notamment mes conversations avec Abdul Kalam[10]. Appelé « Sakharov indien », il me confia avoir retrouvé l'essence de l'incertitude quantique dans la pensée du grand saint bouddhiste Nagarjuna, qui exposa la philosophie de la production conditionnée. Or la vision quantique confirme l'intuition ancestrale de l'interdépendance à des niveaux d'intrication d'une subtilité extrême. Jusque dans vos structures les plus fines, vous êtes en résonance avec le système solaire, la Voie lactée et le cosmos, au-delà même de tout ce que vous pourriez imaginer. Avant votre naissance, pendant votre vie et après la mort de votre corps physique, vos cellules vibrent avec l'univers dont on ignore les limites. Vos pensées, vos sentiments se prolongent au-delà du concevable à l'infini.

Ne croyez pas que pratiquer l'altruisme revient à se priver ou se négliger. Au contraire, vous constaterez qu'en faisant du bien à autrui, vous vous faites aussi du bien en raison du principe d'interdépendance. Vous développerez ainsi un tempérament plus serein, plus impartial. Et vous comprendrez à quel point l'égocentrisme est contre nature, parce qu'il contredit

---

10. Ancien président de l'Union indienne (2002-2007), spécialiste de physique nucléaire.

la réalité de l'interdépendance fondamentale. Je vous engage à observer dans votre vie comment l'égoïsme vous ferme toutes les portes, alors que l'altruisme vous les ouvre.

La philosophie, l'idéologie, la politique et la théorie économique occidentales ont propagé la croyance que la compétition, alimentée par la rivalité, l'envie, la jalousie et le ressentiment, confèrent à une société sa créativité et son dynamisme. Le XXe siècle a exacerbé une concurrence destructrice, dans un vivre ensemble marqué par l'indifférence mutuelle et le repli sur soi. Si j'admire le formidable essor des sociétés occidentales, je déplore que leur idéologie ait conduit la génération de vos parents à ignorer la loi de l'interdépendance, corollaire de la compassion. Je l'ai observé notamment dans les pays riches, où une majorité de personnes bénéficient d'un niveau de vie très élevé, tout en restant terriblement isolées. Ne trouvez-vous pas paradoxal qu'avec des milliers de voisins, un grand nombre d'anciens soient réduits à n'exprimer leur affection qu'à leurs chats et leurs chiens ? Je vous engage à réorienter le fonctionnement social et les rapports humains vers plus de considération et de bienveillance.

4

QUE POUVEZ- VOUS FAIRE POUR LE MONDE ?

Mes jeunes amis, vous vous demandez sans doute comment faire la Révolution de la compassion. C'est une révolution intérieure, ce qui ne veut pas dire qu'elle sera sans effet sur le monde extérieur. Au contraire, ses conséquences dépasseront celles des révolutions française, bolchevique ou chinoise, qui furent les plus extrêmes de l'Histoire. Le Grand Soir de la compassion n'arrivera pas sans les efforts de votre génération et de la génération de vos enfants. Je vous ai parlé du fondement neurobiologique de la compassion, qui vous met en résonance avec la souffrance d'autrui pour la soulager. Comment étendre cette disposition naturelle au-delà du cercle de vos proches, à des personnes inconnues, voire hostiles ?

Devenez des athlètes de la compassion

C'est à cette question que s'efforce de répondre la science de la compassion, qui a vu le jour dans les laboratoires de grandes universités nord-américaines[11]. L'un de ses initiateurs éminents est le neuropsychiatre Richard Davidson. Quand il est venu me voir à Dharamsala pour la première fois en 1992, il m'avoua pratiquer la méditation « dans le placard », car c'était mal vu de ses collègues. Il m'expliqua la teneur de ses travaux, portant sur la dépression et les maladies psychiques. Je lui fis remarquer qu'il était certes important d'étudier les pathologies de l'esprit humain, mais qu'il serait bon d'orienter ses investigations vers les états mentaux positifs afin de découvrir comment les développer. J'étais convaincu en effet que l'on peut s'entraîner à la compassion, à l'amour et au bonheur, car je l'ai fait moi-même dans ma tradition contemplative. Richard Davidson réfléchit et redirigea sa recherche en ce sens. Au début, il communiquait peu à ce sujet mais la situation s'est inversée en 25 ans. Les crédits de recherche affluent maintenant dans son service, où s'élabore une vraie science de la compassion.

En comparant les comportements d'animaux et d'humains, les chercheurs ont observé que les capacités cognitives et le raisonnement analytique aident au développement de la compassion. Si vous observez en vous-même la réponse compassionnelle, vous remarquerez une séquence à cinq niveaux. Le niveau 1 est cognitif : vous reconnaissez la souffrance d'autrui ; le niveau 2 est affectif : vous vous préoccupez de cette souffrance ; au niveau 3, de l'intention, vous voulez

---

11. Notamment à Stanford, *The Center for Compassion and Altruism Research and Education* www.ccare.stanford.edu - à Emory, *Emory-Tibet Science Initiative* www.tibet.emory.edu - au MIT *The Dalai Lama Center for Ethics and Transformative Values* www.thecenter.mit.edu

la soulager ; au niveau 4, de l'attention ciblée, vous restez concentré sur la souffrance d'autrui ; enfin au niveau 5, comportemental, vous vous engagez concrètement dans l'action de soulager la souffrance. Repérer ces cinq phases constitue la première partie du processus d'éducation systématique à la compassion[12].

Devenez des athlètes de la compassion ! Comme un sportif de haut niveau, vous améliorerez vos performances par une pratique régulière. Depuis le début des années 2000 en effet, les neuroscientifiques ont mis en évidence la plasticité cérébrale, cette capacité de transformer la structure, la chimie et le fonctionnement du cerveau par des exercices répétés et progressifs. Vous pouvez donc acquérir, grâce à des efforts appropriés, une forme de compassion inconditionnelle dont voici deux exemples.

Le premier est celui du moine Lopön-la qui, après une détention de 18 ans dans un camp de travail chinois, a vécu ses dernières années dans mon monastère de Namgyal, à Dharamsala. Il me confia avoir couru un très grave danger durant son incarcération. J'ai cru qu'il faisait allusion au risque de perdre la vie à cause de la torture et des mauvais traitements. Mais non ! Le danger en question était de perdre sa compassion envers ses bourreaux. Car Lopön-la ne cessa jamais de cultiver l'amour pour tous les êtres, y compris les tortionnaires qui s'ingéniaient à le faire souffrir.

---

12. L'entraînement cognitif à la compassion ou *Cognitive Based Compassion Training*, a été initié en 1998 par le Dalaï-lama au Centre d'études pluridisciplinaires et contemplatives de l'université d'Emory, sous la direction de Geshe Lobsang Tenzin Negi, docteur à la fois de l'université monastique de Drepung en Inde du Sud et de l'université d'Emory à Atlanta (Georgie).

Le second exemple est celui de Richard Moore, mon héros. A l'âge de 10 ans, dans la ville irlandaise de Londonderry, une balle en caoutchouc le toucha au visage et il perdit la vue. Quelques jours après, son oncle fut tué par des parachutistes britanniques ayant ouvert le feu sur les manifestants de la marche pour les droits civiques du *Bloody Sunday*[13]. Pourtant il réussit à pardonner et rencontra le soldat qui avait tiré sur lui. Tous deux sont devenus amis et actifs au sein d'une association qui vient en aide aux enfants de la guerre[14]. Voyez à quel degré d'humanité la compassion peut vous porter ! C'est une force irrésistible de pardon et de réconciliation.

Soyez rassurés, il n'est pas nécessaire de traverser pareilles épreuves ni d'être moine ou bouddhiste ou Tibétain pour atteindre ce niveau de grande compassion aimante sans limite. Vous pouvez tous y arriver. Et pour commencer, je vous dis : « Faites de la compassion la force active de vos vies ! » D'abord en révolutionnant votre compréhension de la nature humaine. Si votre génération développe la conviction, fondée scientifiquement, que l'être humain a le cœur bon et généreux, imaginez le profond impact qui en résultera, lorsque la société dans son ensemble sera imprégnée d'une vision positive de l'humanité ! Vous verrez les rapports de force contemporains évoluer vers une nouvelle économie du *care* basée sur la confiance réciproque et la mutualisation des intérêts! Une éthique laïque de la sollicitude, centrée sur les valeurs humaines universelles de bienveillance, tolérance, générosité, tendresse, pardon, non-violence... Elle remplacera l'éthique actuelle

---

13. 30 janvier 1972.
14. *Children in Crossfire* www.childrenincrossfire.org

de la faute et des interdits, qui entretient la peur du châtiment. Et vous donnerez à vos enfants une éducation holistique, fondée sur la raison et l'amour bienveillant.

Responsabilité universelle

Cultivé au plan individuel, l'altruisme permet d'assumer une responsabilité universelle au plan du monde. Je me suis réjoui quand de jeunes YouTubeurs français sont venus m'interroger en avril 2017 sur la responsabilité universelle. Je me souviens de la jeune fille de quinze ans et demi[15] qui m'a demandé, en gonflant ses muscles : « Qu'est-ce que je peux faire pour le monde, avec mes mini, mini biceps ? » Je lui ai répondu qu'avec ses petits bras, elle ne pouvait sans doute pas faire grand-chose. Et je l'ai engagée à transformer son esprit, à comprendre que chaque action, chaque parole et chaque pensée ont une portée globale. Vous en avez l'expérience avec la diffusion de vos messages sur Internet. Le champ d'action et d'expression de chacun de vous est mondial. Il en résulte que l'exercice de votre liberté individuelle vous confère des responsabilités et des devoirs autant que des droits à l'échelle de la planète.

Soyez conscients que l'avenir de l'humanité ne dépend pas exclusivement des politiciens, des dirigeants de grandes sociétés ou des Nations unies. L'avenir est entre les mains de tous ceux qui se reconnaissent comme partie du « nous, les 7 milliards d'humains ». Individuellement, vous ne pouvez pas résoudre les problèmes du monde. Mais sans forcer ni culpabiliser personne et dans le

---

15. Adèle Castillon, le 19 avril 2017.

respect du pluralisme, c'est par la force de l'exemple que vous inspirerez d'autres jeunes. Autour de vous le nombre d'individus responsables passera d'une dizaine à une centaine, puis des milliers et même des centaines de milliers. Vous verrez alors s'améliorer la situation générale. Vous et vos enfants vivrez dans ce monde auquel j'aspire, mais que je ne connaîtrai sans doute pas.

Les problèmes actuels se posent principalement parce que nous avons négligé le bien de la famille humaine et de l'écosystème Terre. N'oubliez donc pas que la responsabilité universelle concerne non seulement les êtres humains, mais aussi tous les êtres sensibles non humains. Enfant, mes maîtres m'ont appris à prendre soin de la nature. J'ai grandi en sachant que tout ce qui est animé possède une conscience. Or à la conscience sont associés des sentiments de peine, de plaisir et de joie. Aucun être sensible ne veut souffrir. Dans la pratique bouddhiste nous sommes tellement habitués à la compassion, qui est le souhait de mettre fin à toute souffrance, que nous veillons à ne pas agresser ni détruire aucune forme de vie, y compris les plantes que nous traitons avec amour et respect. Mais vous, mes jeunes amis, avez grandi dans un monde fier de ses prouesses technologiques, persuadé que la nature doit être contrôlée, voire corrigée. C'est là une grave erreur. Une telle attitude qui n'est pas du tout réaliste, n'a de scientifique que le nom. Car vous faites partie de la nature et la compassion dicte de prendre soin d'elle autant que de vous-mêmes.

Il y a urgence

C'est également pour le bien des générations futures, vos enfants, que je vous appelle à la Révolution de la compassion. Quand les Occidentaux parlent de « l'humanité », ils se limitent en général au présent. En effet, l'humanité du passé n'est plus. Celle du futur n'est pas encore. D'un point de vue occidental, on se soucie exclusivement des générations actuelles et de leur intérêt immédiat. Mais la responsabilité n'est universelle que si elle englobe la considération de ceux qui vivront après nous. Comment ne pas tenir compte du fait que la population mondiale, qui a triplé au XXe siècle, sera multipliée par deux ou trois à la fin de ce siècle ?

Le développement de l'économie globale, selon les schémas actuels de croissance, implique des taux extrêmement élevés de consommation d'énergie, de production de dioxyde de carbone et de déforestation. Si nous ne transformons pas nos comportements, il en résultera une dégradation environnementale à l'échelle du globe, dépassant tout ce que l'on a connu jusqu'à présent. J'ai pris connaissance des conclusions des experts : ils ne nous donnent que trois ans pour modifier de façon draconienne notre consommation actuelle, responsable d'une trop grande émission de CO_2. En 2020 il sera trop tard. Le réchauffement climatique, devenu incontrôlable, provoquera des vagues de chaleur meurtrières sur les cinq continents et une montée du niveau des mers. Le temps presse. C'est pourquoi je vous appelle, jeunes du millénaire, à cette révolution radicale.

Mes jeunes amis, chers frères et sœurs, pendant toute mon existence, je n'ai cessé d'observer l'évolution de ce monde. Il y a aujourd'hui des dangers tels, qu'il importe de ne pas vous voiler la face. Pour certains problèmes environnementaux qui ont une cause naturelle, vous n'aurez pas forcément de solution. Vous n'en aurez pas non plus face à des catastrophes trop importantes pour être enrayées. Plus grave même, à cause du réchauffement climatique, ces calamités, telles qu'ouragans, tsunamis, inondations, sécheresses et glissements de terrain vont empirer. La seule solution sera d'y faire face avec courage et détermination, en étant solidaires et fraternels envers les plus vulnérables.

Ce sera seulement par l'entraide et la coopération que vous vous donnerez les moyens d'endiguer les catastrophes causées par l'injustice économique et sociale, alimentées par la cupidité, l'égoïsme et autres états d'esprit négatifs. Si vous faites évoluer votre conscience vers plus de bienveillance et de responsabilité, vous mettrez en œuvre de vraies solutions. La Terre vous donne désormais un signal clair des conséquences à grande échelle de comportements humains inconscients. Pour la première fois dans l'histoire, le futur de l'humanité dépend de la génération qui monte, la vôtre. Vous êtes responsables de l'avenir de milliards d'humains et de vivants d'autres espèces, qui partagent l'aventure de la vie terrestre. C'est à vous qu'il appartient de préserver la qualité des ressources naturelles, l'air, l'eau, les océans, les forêts, la faune et la flore. Pour cela, l'essentiel est de reconnaître votre potentiel d'amour et de compassion afin de prendre soin de la Terre. Apprenez à l'aimer en la partageant, au lieu de vous acharner à la posséder en la détruisant.

Sans doute faudra-t-il attendre encore 20 ou 30 ans pour aboutir à la mutation nécessaire des comportements humains. Mais après cette période, vous aurez la joie de voir advenir une humanité bienveillante et responsable. Et vous lèguerez ce monde à vos enfants et aux enfants de vos enfants. Ils grandiront dans une famille humaine réconciliée, consciente d'être un seul corps, une seule conscience. Gardez donc l'enthousiasme et l'optimisme de votre jeunesse pour avancer vers des lendemains plus justes et plus heureux. La Révolution de la compassion est en marche. A vous de l'incarner, mes jeunes amis.

5

LE MONDE DE LA COMPASSION EXISTE
Épilogue de Sofia Stril-Rever

19 avril 2017, au matin. Quatre jeunes YouTubeurs français sont conscients qu'ils viennent de vivre un moment d'exception. Je les ai amenés à la rencontre du guide spirituel des Tibétains autour du projet de ce livre. Sans qu'ils le connaissent vraiment, le Dalaï-lama les fascine car il incarne à leurs yeux une humanité bienveillante. Ils ont été interpellés par son message, exprimé dans le Manifeste de la responsabilité universelle[16], où ils ont trouvé des réflexions inédites et des clés originales pour devenir acteurs d'un monde meilleur. Les derniers mots du Dalaï-lama les engagent ce jour-là à faire la révolution. Puisqu'ils sont Français, pourquoi cette révolution ne partirait-elle pas de France ? Ces paroles, le Dalaï-lama les leur adresse, mais il les prononce en se tournant vers moi. Pour conclure, il me tend la main en m'attirant sur son cœur. « Mon amie de longue date », s'exclame-t-il affectueusement !

---

16. Publié dans le livre *Nouvelle réalité, l'Âge de la responsabilité universelle,* les Arènes, 2016.

L'évocation de la Révolution française me ramène quelques mois plus tôt, au 13 septembre 2016. Ce jour-là j'avais organisé avec le barreau de Paris une conférence du Dalaï-lama, réunissant 350 avocats et experts internationaux de l'environnement[17]. Dans mon allocution, j'évoquai l'épopée révolutionnaire de 1789 dont les avocats furent le fer de lance. Le lendemain, au Sénat, tout en m'adressant un regard complice, le Dalaï-lama affirmait être un disciple laïc de la Révolution française. J'interprète donc sa conclusion de l'entretien avec les YouTubeurs comme une invitation à axer son appel à la jeunesse sur la thématique de la révolution. Il le confirme et me donne rendez-vous trois mois plus tard.

La révolution du Dalaï-lama

Juillet 2017. Le Dalaï-lama me reçoit au « Palais du jardin de la paix suprême », le Shiwatsel Phodrang, au Ladakh, en Inde du Nord. Pendant le temps passé ensemble, il me fixe intensément du regard, me communiquant une énergie particulière, l'énergie de la Révolution de la compassion qui l'anime.

Le Dalaï-lama a fait lui-même la Révolution de la compassion, cette révolution dont il me confie le message. Pour préparer notre échange, j'ai réuni des références à l'entraînement de l'esprit, appelé

---

17. Conférence *Responsabilité universelle, droit et environnement*, en présence de Robert Badinter, avec Frédéric Sicard, bâtonnier, Dominique Attias, vice-bâtonnière, les avocats Patricia Savin, Corinne Lepage, Yann Aguila, Yvon Martinet et le président fondateur de Peace and Universal Responsibility Europe (PURE) Khoa Nguyen www.responsabilite-universelle.org

lojong en tibétain. Ce terme recouvre des exercices de réorientation progressive de la conscience, afin qu'elle cesse de fonctionner en mode autocentré et devienne spontanément altruiste. Cependant, le Dalaï-lama est catégorique : pour la génération du XXIᵉ siècle, l'entraînement à la compassion doit se faire sur la base des découvertes en neurosciences, vérifiées par l'expérience commune et le bon sens. Premièrement, parce que la science est universelle, alors que la religion divise. Deuxièmement, parce que les jeunes d'aujourd'hui ont un esprit scientifique. Troisièmement, parce qu'afin de transformer leur esprit, ils doivent connaître le fonctionnement du mental et disposer des outils des neurosciences pour mobiliser toute leur intelligence.

Le Dalaï-lama aurait pu s'inspirer de la psychologie bouddhiste, forte de 2 500 ans d'histoire introspective. Se définissant pour moitié moine bouddhiste et pour moitié scientifique, il s'est appliqué à démontrer ces 30 dernières années qu'une collaboration entre les neurosciences et les sciences bouddhistes de l'esprit peut renouveler la compréhension de l'esprit, la médecine et la pédagogie par l'introduction de la méditation dans les laboratoires de recherche, à l'hôpital et à l'école. Mais s'adressant aux jeunes du millénaire, il s'est mis à leur place. Comment les guider au mieux, face aux urgences de leur temps ? En allant au-delà de la religion. En basant l'apprentissage de la compassion sur la raison humaine et le sens commun, sans se référer à un système de croyances, quel qu'il soit. Alors que je l'écoute, consciente de son insistance à faire passer le caractère subversif de son message, je mesure le chemin parcouru depuis le premier livre que nous avons signé ensemble en 2009, *Mon autobiographie spirituelle*[18]. J'en prends toute la mesure dans les semaines qui suivent, alors que je repasse en boucle dans mon esprit les temps forts de notre discussion, afin de les intérioriser pour écrire ce livre.

Exister c'est coexister

Si le message de la Révolution de la compassion résonne si fort en moi, c'est que ma réflexion s'est nourrie de mon dialogue avec des avocats et des juristes, noué initialement autour de la COP21 où j'avais présenté le message du Dalaï-lama[19] sur l'écologie. Notre interaction a résulté en un cycle de séminaires intitulé Droit et Conscience[20], articulant l'engagement collectif, relevant du droit, et l'engagement individuel, relevant de la conscience. Leur point de rencontre, critique dans la phase actuelle d'urgence environnementale, se situe dans la réalisation de nos interdépendances avec l'écosystème Terre et de la responsabilité universelle qui en découle.

C'est au Ladakh, au soir d'une rencontre avec le Dalaï-lama, que je vais l'éprouver de manière très incarnée, alors que je marche pieds nus dans le lit sablonneux de l'Indus. A l'horizon de mon regard, la chaîne himalayenne. Compacte, massive, elle dénude ses flancs laminés par la fureur des vents, cisaillant l'arc du ciel de ses sommets

---

18. Presse de la Renaissance, 2009.
19. Colloque international Guerre-Paix-Climat, Solutions COP21, décembre 2015.
20. Reconnu comme formation officielle par le Barreau de Paris www.droitetconscience.org

volontaires. Mais la vision du paysage minéral s'estompe au contact des flots et de leur énergie de vie jaillissante.

Je deviens l'eau vive du « fleuve Lion »[21] qui naît d'une matrice de glace, sous le Kailash, montagne sacrée ponctuée de monuments votifs édifiés par la ferveur des pèlerins.

Je deviens la course éperdue de ce grand corps liquide de cinquante millions d'années, aux gorges vertigineuses, qui s'élance sur plus de trois mille kilomètres depuis le Pays des neiges, à travers le Ladakh, le Baltistan, le long du Karakorum et de l'Hindou Kouch, avant de s'incliner vers le sud pour irriguer les plaines du Punjab et du Sindh, puis étreindre la mer d'Arabie des sept bras de son large delta.

Je deviens le clapotis des eaux sur mes chevilles. Elles me transpercent de la douleur du Toit du monde, prison à ciel ouvert où des enfants, des jeunes gens, des femmes et des hommes de tout âge, religieux ou laïcs, s'immolent par le feu, en résistance à la dictature de la République populaire de Chine – plus de cent cinquante torches humaines ont à ce jour brûlé dans l'indifférence des nations.

Je deviens aussi la voix puissante du fleuve, charriant son chant irrépressible de compassion, qui appelle l'humanité à retrouver sa source aimante et lumineuse de bonté originelle.

Dans ces paysages himalayens, j'expérimente qu'exister, c'est coexister selon le principe unitaire de la vie. Quelques mois plus tôt, le 21 mars 2017, l'État d'Uttarakhand[22] a reconnu comme entités vivantes, le Gange, son affluent la Yamuna, et tous les cours d'eau de son territoire. La

---

21. « Senghe Tsangpo », nom de l'Indus en tibétain.
22. État du Nord de l'Inde.

Haute Cour leur ayant accordé le statut et les droits afférents d'une personne, fleuves, rivières, ruisseaux, torrents, cascades… sont nos frères et sœurs au sein de l'écosystème Terre. Les juges indiens les ont d'ailleurs placés sous la protection de « parents à visage humain », chargés de garantir leur santé et leur bien-être[23].

Cette fraternité avec l'Indus, je la ressens avec une intimité d'autant plus poignante, que je sais le fleuve gravement menacé. Il est transformé en aval en un immense égout à ciel ouvert par la pollution industrielle et la concentration humaine aux abords des villes. La faune de ses eaux dépérit car les barrages mutilent les écosystèmes formant un seul corps. Au point qu'à ce jour, il ne survit plus qu'un millier de dauphins dans son cours. Quant au delta, il est dévasté par la déforestation et la montée du niveau de la mer, conséquence du réchauffement. Les terres agricoles et les criques des mangroves submergées entraînent la migration forcée de plus d'un million de réfugiés. Au fil du fleuve, se dessine une ligne de partage entre la vitalité nourricière de la nature et le pillage des hommes, cause d'un écocide[24] dévastateur.

Quelle ne sera pas ma joie de lire, lors de mon vol de retour du Ladakh, ces mots de la ministre indienne de l'Eau et du Rajeunissement du Gange, Uma Bharti : « Je crois sincèrement que la question de l'eau devrait toujours être abordée avec amour et sans agressivité. Nous coopérons déjà avec le Népal et le Bangladesh et c'est dans ce même esprit que nous souhaitons œuvrer avec nos autres voisins[25]. » Cette déclaration s'inscrit dans une révolution majeure des droits de la nature, portée par les acteurs du

---

23. Cf. Valérie Cabanes *Homo Natura*, Buchet-Chastel, 2017.
24. Définition du crime d'écocide, cf. le site www.endecocide.org
25. Magazine *Shubh Yatra* d'Air India, juillet 2017, p. 65.

monde juridique[26]. Des gouvernements leur emboîtent le pas. C'est ainsi que le président français, à l'occasion de l'Assemblée générale des Nations unies, a lancé le 19 septembre 2017, le Pacte mondial pour l'environnement[27], nouvelle étape faisant suite à l'Accord de Paris.

De manière prémonitoire, il y a une quarantaine d'années, Claude Lévi-Strauss observait qu'il fallait poser une limite aux droits de l'homme, à partir du moment où leur exercice entraînait l'extinction d'espèces animales et végétales[28]. Un nouveau contrat social est donc nécessaire pour repenser le droit actuel, présentiste et anthropocentré, tout en anticipant les bouleversements planétaires qui s'annoncent, avec une personne sur sept qui sera réfugiée climatique d'ici 2050[29].

L'aube insurrectionnelle
de la compassion s'est levée

« Nous avons connaissance des problèmes environnementaux. En avons-nous conscience ? » s'interroge très à propos l'avocate Patricia Savin[30]. Et c'est ici que la

---

26. Cf. l'ouvrage de référence de Valérie Cabanes, *Un nouveau droit pour la Terre,* Le Seuil, 2015.
27. *Le Pacte mondial pour l'environnement* a été rédigé par une centaine d'experts internationaux sous la direction de l'avocat Yann Aguila, ancien juge, membre du Conseil d'État, président de la Commission Environnement du Club des juristes et Secrétaire général du *Groupe des experts pour le Pacte.* www.pactenvironment.org
28. Cf. Lévi-Strauss, *le Monde,* 21 janvier 1979.
29. Cf. La *Charte des déplacés environnementaux* de l'avocat Yvon Martinet www.droitetconscience.org et la *Déclaration universelle des droits de l'humanité* de l'avocate Corinne Lepage www.droitshumanite.fr
30. Présidente d'Orée et responsable de la commission Développement durable au barreau de Paris, conférence *Climat et conscience,*

Révolution de la compassion prend tout son sens. Car la transition juridique doit s'accompagner d'une transition intérieure pour changer nos schémas de conscience et placer l'altruisme au cœur de nos vies. Les réformes en voie d'élaboration, si pertinentes soient-elles, ne sont pas suffisantes. Il est urgent de passer d'une culture de la performance, de la concurrence et de la compétition vers une culture du partage et des solidarités. Or c'est une révolution. C'est la Révolution de la compassion. Aujourd'hui cette révolution est en marche. Elle a d'autres noms, d'autres porte-parole.

Elle s'appelle Révolution altruiste avec Matthieu Ricard. Il la théorise dans son *Plaidoyer pour l'altruisme*, étayé de plus de mille références scientifiques démontrant que la compassion modifie les structures, la chimie et les fonctions cérébrales[31]. Et cette révolution, l'homme le plus heureux du monde la traduit en actes dans ses œuvres humanitaires en Asie[32] et son engagement pour la cause animale[33].

La Révolution de la compassion s'appelle Révolution de la fraternité et invite à « réparer ensemble le tissu déchiré du monde », selon l'heureuse formule du philosophe Abdennour Bidar[34]. Constatant la crise du lien, « mère de toutes les crises » dans « un monde

---

31 août 2017, www.droitetconscience.org

31. *Plaidoyer pour l'altruisme*, NIL, 2013 ; *Cerveau et méditation*, Allary, 2017.

32. A travers l'association *Karuna Shechen* www.karuna-shechen. org

33. *Plaidoyer pour les animaux*, Pocket, 2015.

34. Auteur de *Plaidoyer pour la fraternité*, Albin Michel, 2015 ; *Les Tisserands*, Les Liens qui Libèrent, 2016 ; *Quelles valeurs partager et transmettre aujourd'hui ?*, Albin Michel, 2016. Initiateur du mouvement Fraternité générale www.fraternite-generale.org

multidéchiré et polyfracturé », il propose de « transformer la fraternité en projet politique[35]. »

La Révolution de la compassion s'appelle aussi Démocratie de la Terre, avec la physicienne indienne Vandana Shiva[36]. Elle revendique cinq souverainetés humaines fondamentales sur les semences, l'eau, l'alimentation, la terre et les forêts, afin que l'humanité exerce enfin une démocratie véritable et profonde, en interaction avec la totalité du vivant.

La Révolution de la compassion s'appelle enfin *Un million de révolutions tranquilles*[37] faisant souffler l'espoir avec l'engagement de la société civile et, plus particulièrement de la jeunesse, en faveur de sociétés plus écologiques, participatives et solidaires.

L'aube insurrectionnelle de la compassion s'est levée. Et ce n'est pas un rêve. Le monde de la compassion existe. Il est dans celui-ci[38].

Au cours de ma rencontre avec le Dalaï-lama au Ladakh, en juillet 2017, je lui fis la promesse de mettre en œuvre tous les efforts possibles, à mon niveau, pour que son appel soit entendu. Je me souviens de la fierté des quatre YouTubeurs que j'avais emmenés auprès de lui, trois mois plus tôt. De leur attention, de leur émotion même devant le Dalaï-lama, qui s'adressait tant à leur intelligence qu'à leur cœur. Ces jeunes s'appellent Adèle Castillon, Seb la Frite, Valentin Reverdi et

---

35. Entretien avec Xavier Thomann pour *Télérama* le 31/10/2016
36. Récompensée pour son engagement en 1993 par le Right Livelihood Award, prix Nobel alternatif, ww.navdanya.org
37. Titre du livre de Bénédicte Manier, Les Liens qui Libèrent, 2016.
38. Paraphrase des mots du poète, Paul Eluard : « Un autre monde existe. Il est dans celui-ci. »

Sofyan Boudouni[39]. Ils découvraient un autre univers, loin, très loin de l'effervescence du leur. Où le temps n'est pas le même. Ce livre est ma contribution à leur monde en train de naître.

Dharamsala, le 2 octobre 2017

---

39. Accompagnés de la journaliste et réalisatrice Anaïs Deban. Cf. la vidéo *Séjour en Inde* de Seb la Frite www.youtube.com/watch?v=wmT0h3e6Am0

LE MANIFESTE
DE LA RESPONSABILITE
UNIVERSELLE[40]

Extraits

Faire la Révolution de la compassion implique Trois prises de conscience et Onze engagements de vie, énoncés dans le Manifeste de la Responsabilité universelle.

---

40. À la demande du Dalaï-lama et dans l'esprit de ses enseignements, *Manifeste* rédigé par Sofia Stril-Rever. Revu et édité avec le vénérable Samdhong Rinpoché, le professeur Robert Thurman, université Columbia de New York, le professeur Eric Itzkin, directeur de l'Héritage immuable à Johannesburg. Version finalisée avec le Dalaï-lama, à Oxford, septembre 2015. Texte intégral *Nouvelle réalité,* Les Arènes, 2016

Première prise de conscience
PAIX INTÉRIEURE
ET RÉALITÉ PARTAGÉE DE LA VIE

Je suis né-e sur cette Terre, enfant de la vie, au sein du cosmos.

Mes codes génétiques incorporent les messages de l'univers. Je suis relié-e à tous les vivants dans la réalité partagée de la vie. Leur bien-être dépend de l'équilibre des écosystèmes, eux-mêmes dépendants de la paix dans le cœur des hommes et de l'esprit de justice dans les sociétés humaines, où nul ne doit être laissé-pour-compte, mutilé par la faim, la pauvreté et le dénuement. Dans un esprit d'équanimité, libre de partialité, d'attachement et de haine, je contribue à maintenir et à rétablir l'harmonie de la vie.

Vivre la paix et la guérison intérieure dans chacun de mes gestes, dédiés au bien de toutes les existences, humaines et non humaines, est un grand appel à être vivant, dans la joie de l'amour universel qui est la vie de la vie.

Deuxième prise de conscience
NOTRE HUMANITÉ INTÉRIEURE

Je suis né-e sur cette Terre, enfant de la vie, au sein de l'humanité, ma famille.

Seul l'altruisme me motive à agir pour le bien de tous les vivants, en assumant ma responsabilité universelle. Paix intérieure, amour et compassion, n'expriment pas seulement un idéal noble, mais sont aussi une solution pragmatique, au sein de la nouvelle réalité, garantissant l'intérêt général contre la déshérence du lien social et le délitement des solidarités.

La nécessité de coopérer m'amène à reconnaître que la base la plus sûre d'un développement durable du monde repose sur ma pratique individuelle et partagée de la paix intérieure, de l'amour et de la compassion. Je réenchante ainsi l'espérance et la confiance dans la communauté de destin de l'humanité.

Troisième prise de conscience
SATYAGRAHA, LA FORCE DE LA VÉRITÉ

Je suis né-e sur cette Terre, enfant de la vie, au sein de la grande paix naturelle.

A l'ère d'Internet et de la mondialisation, quand je me sens manipulé-e et instrumentalisé-e par la culture techno-économique, je prends conscience qu'il me faut incarner une sagesse de la responsabilité universelle, basée sur la force de la vérité et de l'amour, appelée Satyagraha par le Mahatma Gandhi. Satyagraha est l'arme de mon combat non violent contre l'injustice. Car, dès que la vérité passe à travers moi pour s'exprimer, je suis invincible. En vivant Satyagraha au quotidien, je deviens, parmi d'autres et avec d'autres, artisan de paix, de justice et de vérité. Citoyen du monde, j'assume un nouveau lien civique de responsabilité universelle. De sorte que les générations futures verront, un jour, advenir ce monde auquel j'aspire, mais que je ne verrai peut-être pas. A la mesure de mes moyens, je m'efforce donc de construire avec constance, dans un esprit de paix et d'amour, la nouvelle réalité d'une Terre fraternelle.

TABLE DES MATIÈRES